Impressum
Verlag: BABADADA GmbH, Nedderfeld 112 , 22529 Hamburg
Geschäftsführer / Verlagsleitung: Harald Hof
Druck: Books on Demand GmbH, In de Tarpen 42, 22848 Norderstedt

Imprint
Publisher: BABADADA GmbH, Nedderfeld 112 , 22529 Hamburg, Germany
Managing Director / Publishing direction: Harald Hof
Print: Books on Demand GmbH, In de Tarpen 42, 22848 Norderstedt, Germany

škola
学校

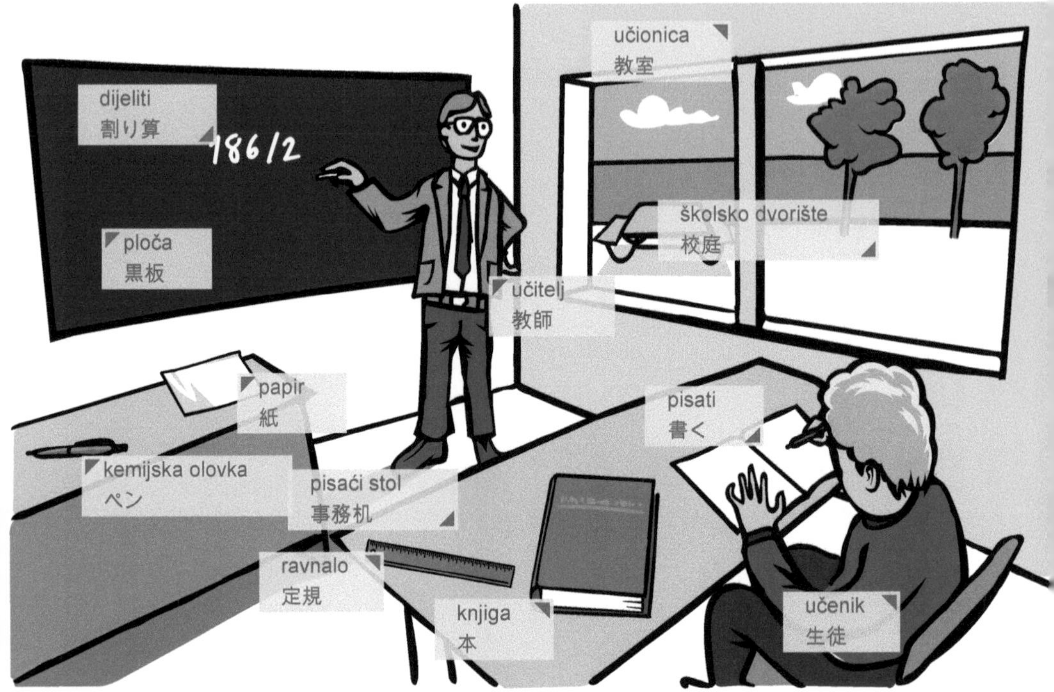
učionica
教室
dijeliti
割り算
186/2
školsko dvorište
校庭
ploča
黒板
učitelj
教師
papir
紙
pisati
書く
kemijska olovka
ペン
pisaći stol
事務机
ravnalo
定規
knjiga
本
učenik
生徒

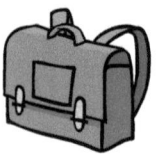

torba

ランドセル

pernica

筆入れ

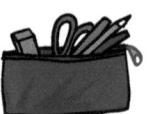

grafitna olovka

鉛筆

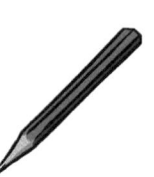

šiljilo za olovke

鉛筆削り

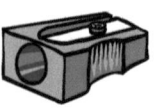

gumica za brisanje

消しゴム

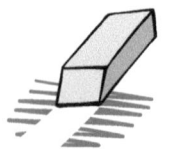

blok za crtanje

スケッチブック

crtež
スケッチ

kist
絵筆

kutija s bojama
絵の具箱

makaze
はさみ

ljepilo
接着剤

bilježnica
練習帳

domaći zadatak
宿題

12

broj
数

2+2

sabirati
足し算

5-2

oduzimati
引き算

2✕2

množiti
かけ算

računati
計算する

A

slovo
文字

ABCDEFG HIJKLMN OPQRSTU VWXYZ

abeceda
アルファベット

hello

riječ
単語

tekst

テキスト

čitati

読む

kreda

チョーク

sat

授業

dnevnik

学級日誌

ispit

試験

svjedodžba

通知表

školska uniforma

制服

obrazovanje

教育

leksikon

百科事典

sveučilište

大学

mikroskop

顕微鏡

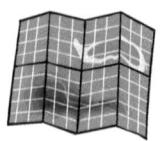

karta

地図

košara za papir

ごみ箱

putovanje
旅行

hotel
ホテル
Grand
prenoćište
ホステル
ROOMS
mjenjačnica
両替所
CHANGE
kofer
スーツケ
ース
auto
自動車

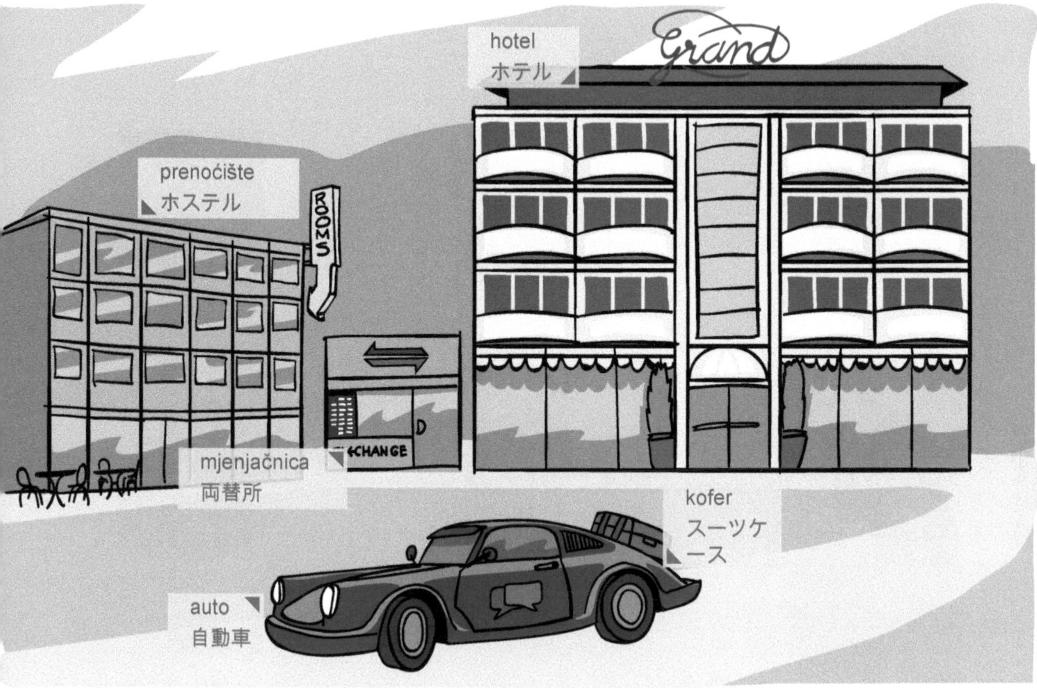

jezik

言語

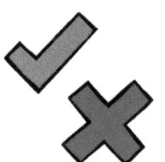

da / ne

はい / いいえ

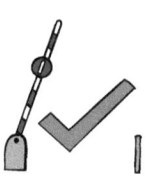

okay

問題ない

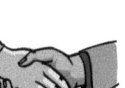

zdravo

ハロー

prevoditelj

翻訳者

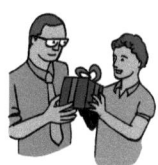

hvala

ありがとう

Koliko košta...?

...はいくらですか？

ne razumijem

わかりません

problem

問題

dobro veče!

こんばんは！

Dobro jutro!

おはようございます！

Laku noć!

おやすみなさい！

doviđenja

さようなら

smjer

方向

prtljaga

手荷物

torba

バッグ

ruksak

リュックサック

gost

お客様

soba

部屋

vreća za spavanje

寝袋

šator

テント

turističke informacije
旅行者情報

plaža
ビーチ

kreditna kartica
クレジットカード

doručak
朝食

ručak
昼食

večera
夕食

karta za vožnju
チケット

dizalo
エレベーター

poštanska markica
スタンプ

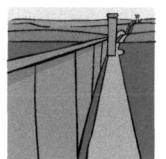

granica
境界

carina
税関

ambasada
大使館

viza
ビザ

putovnica
パスポート

transport
輸送

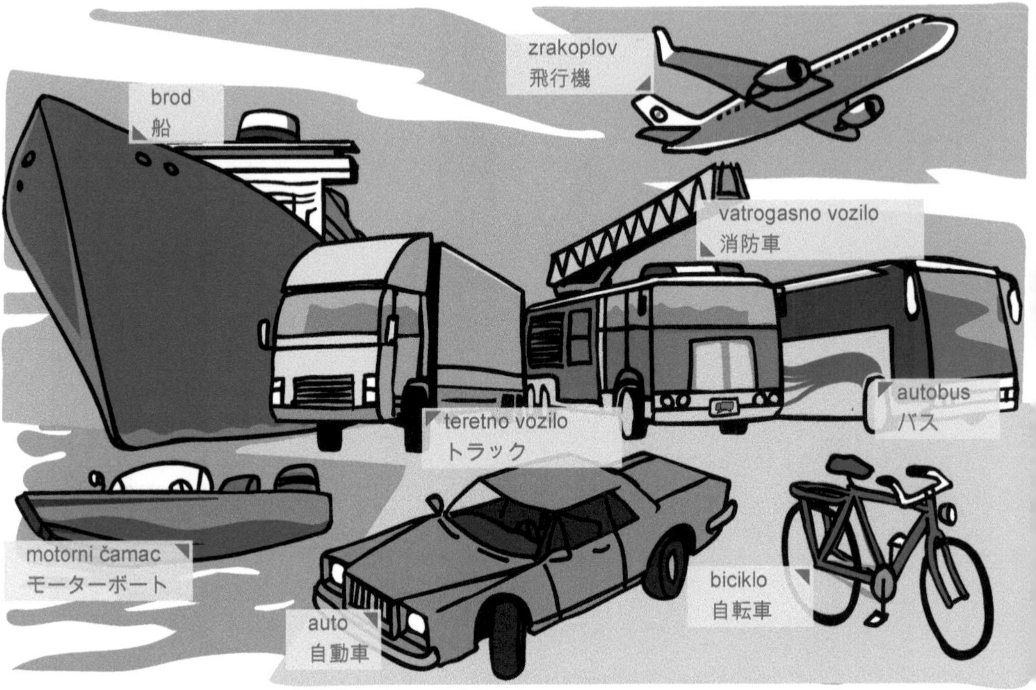

zrakoplov
飛行機
brod
船
vatrogasno vozilo
消防車
autobus
バス
teretno vozilo
トラック
motorni čamac
モーターボート
biciklo
自転車
auto
自動車

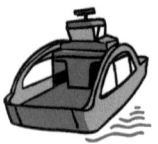

trajekt

フェリー

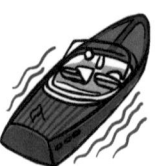

čamac

ボート

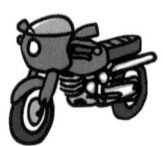

motocikl

バイク

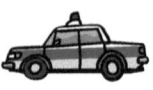

policijski auto

パトカー

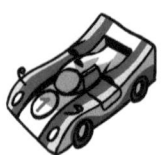

trkaći auto

レーシングカー

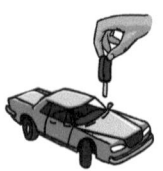

iznajmljeno auto

レンタカー

dijeljenje automobila

カーシェアリング

vučno vozilo

レッカー車

vozilo za odvoz smeća

ごみ収集車

motor

モーター

benzin

燃料

benzinska postaja

ガソリンスタンド

prometni znak

交通標識

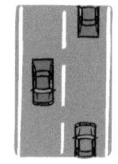

promet

交通

zastoj

渋滞

parkiralište

駐車場

kolodvor

駅

šine

道

vlak

列車

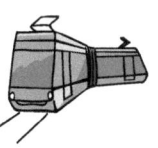

tramvaj

路面電車

vagon

車両

helikopter

ヘリコプター

zrakoplovna luka

空港

toranj

タワー

putnik

乗客

kontejner

コンテナ

karton

段ボール箱

kolica

カート

košara

カゴ

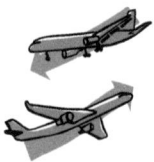

uzletjeti / sletjeti

離陸 / 着陸

grad

都市

selo

村

centar grada

都心

kuća

家

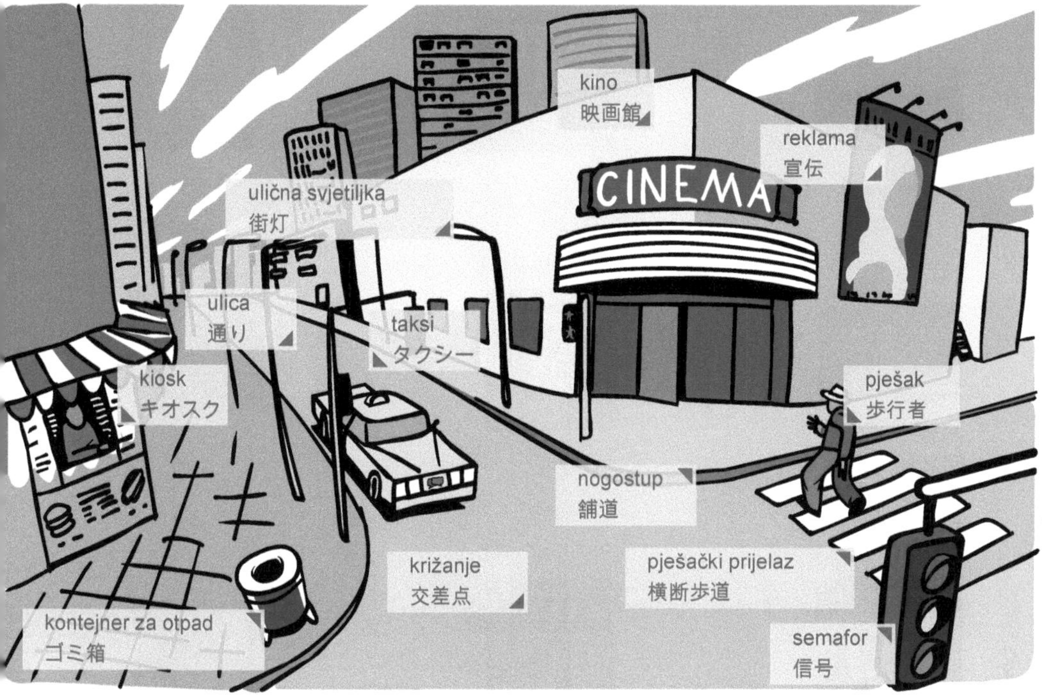
kino
映画館
reklama
宣伝
CINEMA
ulična svjetiljka
街灯
ulica
通り
taksi
タクシー
kiosk
キオスク
pješak
歩行者
nogostup
舗道
križanje
交差点
pješački prijelaz
横断歩道
kontejner za otpad
ゴミ箱
semafor
信号

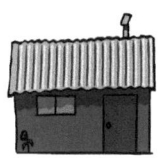

koliba

小屋

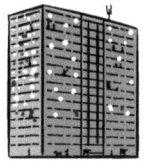

stan

アパート

kolodvor

駅

vijećnica

市役所

MUSEUM

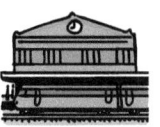

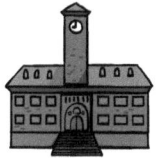

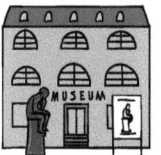

muzej

美術館

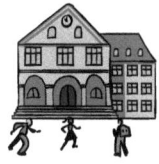

škola

学校

sveučilište

大学

banka

銀行

bolnica

病院

hotel

ホテル

ljekarna

薬局

ured

オフィス

knjižara

書店

prodavaonica

ショップ

cvjećara

花屋

supermarket

スーパーマーケット

trg

市場

robna kuća

デパート

ribarnica

魚屋

trgovački centar

ショッピングセンター

luka

港

park

公園

klupa

ベンチ

most

橋

stepenice

階段

podzemna željeznica

地下鉄

tunel

トンネル

autobusna stanica

バス停

bar

バー

restoran

レストラン

poštansko sanduče

ポスト

ulični znak

道路標識

parkirni sat

パーキングメーター

zoološki vrt

動物園

bazen

スイミングプール

džamija

モスク

seosko gazdinstvo

農場

zagađenje okoliša

汚染

groblje

墓地

crkva

教会

igralište

遊び場

hram

寺

krajolik

風景

list
葉

putokaz
道標

put
道

livada
草地

kamen
石

drvo
木

šetač
ハイカー

rijeka
川

trava
草

cvijet
花

dolina

谷

planina

山

jezero

湖

šuma

森

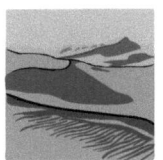

pustinja

砂漠

vulkan

火山

dvorac

城

duga

虹

gljiva

キノコ

palma

ヤシの木

moskito

蚊

muha

ハエ

mrav

蟻

pčela

ミツバチ

pauk

クモ

buba
カブトムシ

žaba
蛙

vjeverica
リス

jež
ハリネズミ

zec
ウサギ

sova
フクロウ

ptica
鳥

labud
白鳥

divlja svinja
雄豚

jelen
鹿

los
ヘラジカ

nasip
ダム

vjetrenjača
風力タービン

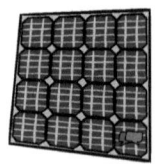

solarna ploča
ソーラーパネル

klima
気候

restoran
レストラン

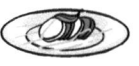

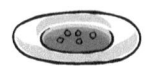

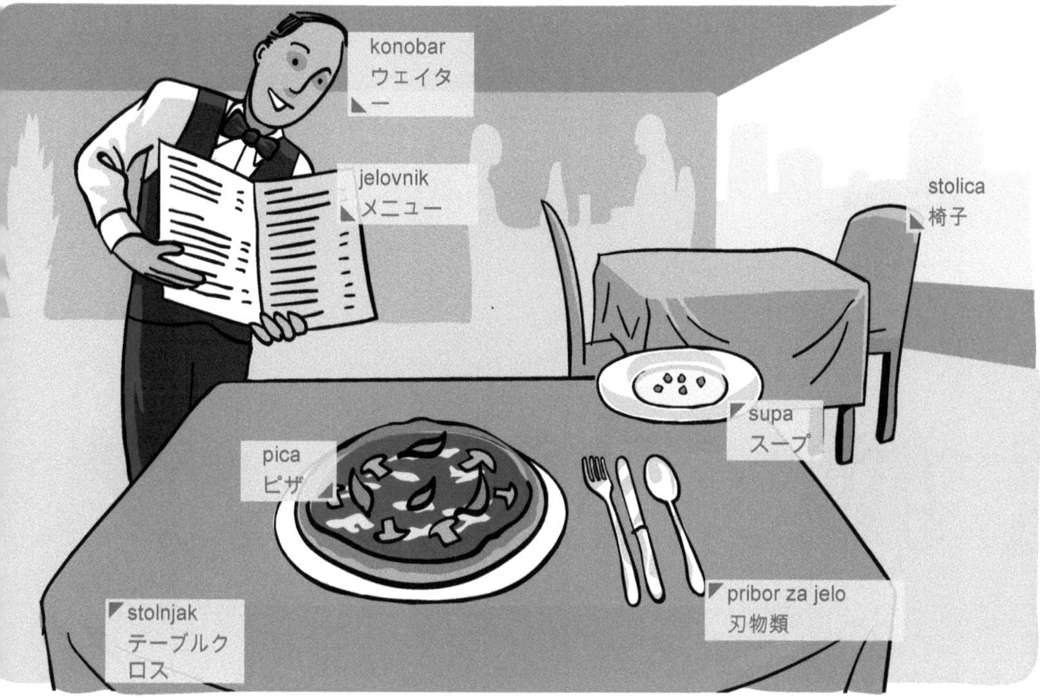
konobar
ウェイター
jelovnik
メニュー
stolica
椅子
supa
スープ
pica
ピザ
pribor za jelo
刃物類
stolnjak
テーブルクロス

predjelo

前菜

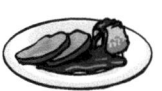

glavno jelo

メインコース

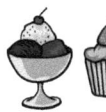

desert

デザート

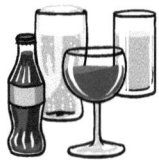

napitci

飲み物

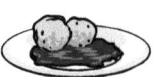

jelo

食べ物

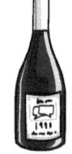

boca

ボトル

fastfood

ファストフード

imbis hrana

屋台の食べ物

čajnik

ティーポット

doza za šećer

砂糖入れ

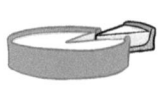

porcija

一人前

aparat za espresso

エスプレッソマシン

visoka stolica

幼児用食事椅子

račun

請求書

pladanj

トレー

nož

ナイフ

vilica

フォーク

žlica

スプーン

čajna žlica

ティースプーン

ubrus

ナプキン

čaša

グラス

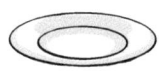

tanjur

皿

tanjur za supu

スープ皿

tanjurić

受け皿

sos

ソース

soljenka

塩入れ

mlin za biber

ペッパーミル

ocat

酢

ulje

油

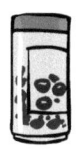

začini

スパイス

kečap

ケチャップ

senf

マスタード

majoneza

マヨネーズ

supermarket
スーパーマーケット

ponuda
特価品
FOR
kupac
顧客
mliječni proizvodi
乳製品
voće
果物
kolica za kupnju
ショッピング・カート

BUTCHERS

mesnica
肉屋

BAKERY

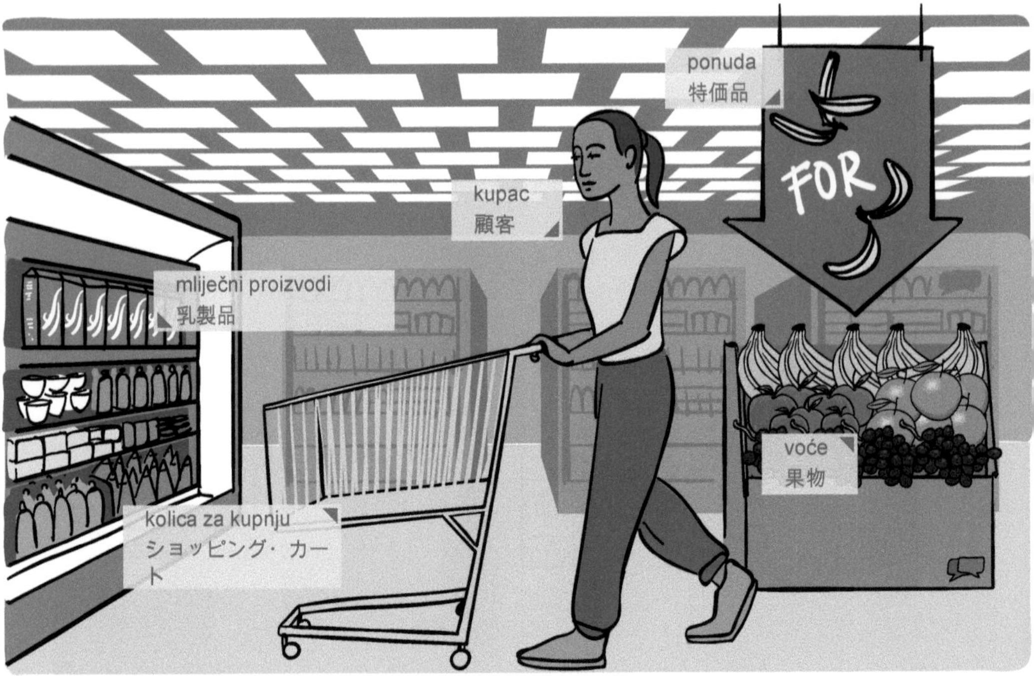

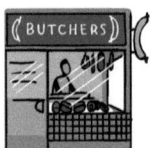

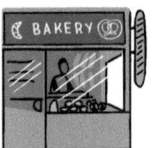

pekarnica
パン屋

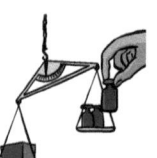

vagati
重さをはかる

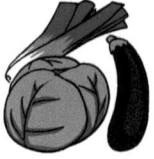

povrće
野菜

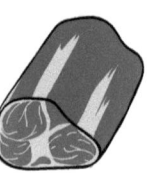

meso
肉

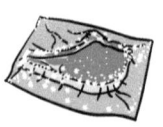

duboko smrznuta hrana
冷凍食品

narezak

冷肉の薄切り

konzerve

缶詰食品

sredstvo za pranje

洗剤

slatkiši

菓子

artikli za domaćinstvo

家庭用品

sredstva za čišćenje

清掃用品

prodavačica

販売員

blagajna

現金箱

blagajnik

レジ係

lista za kupnju

買い物リスト

vrijeme rada

開館時刻

novčanik

財布

kreditna kartica

クレジットカード

torba

バッグ

plastična vrećica

ポリ袋

飲み物

voda

水

sok

ジュース

mlijeko

牛乳

cola

コーラ

vino

ワイン

pivo

ビール

alkohol

アルコール

kakao

ココア

čaj

紅茶

kava

コーヒー

espresso

エスプレッソ

cappuccino

カプチーノ

banana

バナナ

jabuka

リンゴ

naranča

オレンジ

lubenica

メロン

limun

レモン

mrkva

ニンジン

češnjak

ニンニク

bambus

竹

luk

玉ねぎ

gljiva

キノコ

orašasti plodovi

ナッツ

rezanci

ヌードル

špagete

スパゲッティ

riža

米

salata

サラダ

pomfrit

フライドポテト

pečeni krumpir

フライドポテト

pica

ピザ

hamburger

ハンバーガー

sendvič

サンドウィッチ

šnicla

カツレツ

pršut

ハム

salama

サラミ

kobasica

ソーセージ

kokoš

鶏肉

pečenje

焼き

riba

魚

zobene pahuljice

麦のお粥

musli

ムーズリ

kukuruzne pahuljice

コーンフレーク

brašno

小麦粉

roščić

クロワッサン

pecivo

ロールパン

kruh

パン

toast

トースト

keksi

ビスケット

maslac

バター

svježi sir

カッテージチーズ

kolač

ケーキ

jaje

卵

jaje na oko

目玉焼き

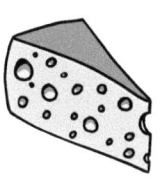

sir

チーズ

sladoled

アイスクリーム

šećer

砂糖

med

はちみつ

marmelada

ジャム

nugat krema

ヌガークリーム

curry

カレー

seoska kuća
農家

sjenik
納屋

bale sijena
ストローベール

polje
畑

konj
馬

prikolica
トレーラー

ždrijebe
子馬

traktor
トラクター

magarac
ロバ

ovca
羊

lane
子羊

koza
ヤギ

krava
雌牛

tele
子牛

svinja
豚

prase
子豚

bik
雄牛

guska

ガチョウ

patka

アヒル

pilići

ひよこ

kokoš

にわとり

pijetao

おんどり

pacov

ネズミ

mačka

猫

miš

ねずみ

vol

雄牛

pas

犬

kućica za psa

犬小屋

vrtno crijevo

散水ホース

kanta za polijevanje

じょうろ

kosa

大鎌

plug

すき

srp

草刈り鎌

motika

くわ

vilica za gnojivo

堆肥用フォーク

sjekira

斧

tačke

手押し車

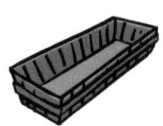

korito

かいばおけ

posuda za mlijeko

牛乳缶

vreća

袋

ograda

フェンス

štala

畜舎

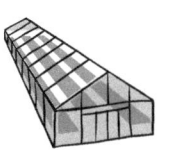

staklenik

温室

zemlja

土壌

sjeme

種

gnojivo

肥料

kombajn

コンバイン

žanjati

収穫する

žetva

収穫

yams začin

ヤマイモ

pšenica

小麦

soja

大豆

krumpir

じゃがいも

kukuruz

トウモロコシ

uljana repica

菜種

voćka

果樹

gomolj manioke

キャッサバ

žitarice

穀物

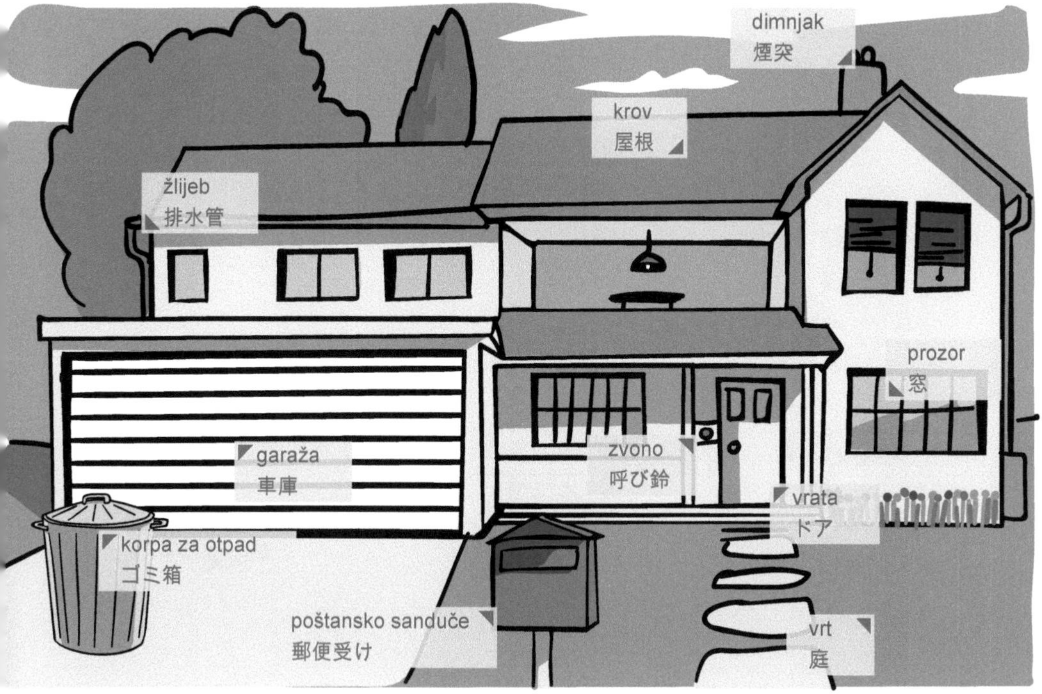

dimnjak
煙突

krov
屋根

žlijeb
排水管

prozor
窓

garaža
車庫

zvono
呼び鈴

vrata
ドア

korpa za otpad
ゴミ箱

poštansko sanduče
郵便受け

vrt
庭

dnevna soba
リビングルーム

kupaonica
浴室

kuhinja
台所

spavaća soba
寝室

dječija soba
子供部屋

trpezarija
ダイニング・ルーム

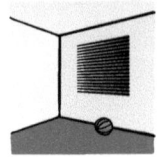

pod
床

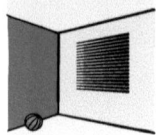

zid
壁

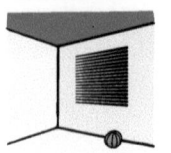

strop
天井

podrum
地下貯蔵庫

sauna
サウナ

balkon
バルコニー

terasa
テラス

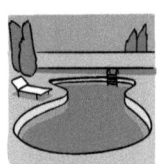

bazen
プール

kosilica za travu
芝刈り機

posteljina za krevet
シーツ

deka za krevet
ベッドカバー

krevet
ベッド

metla
ほうき

kanta
バケツ

sklopka
スイッチ

dnevna soba
リビングルーム

tapeta
壁紙
slika
絵
svjetiljka
ランプ
regal
棚
ormar
食器棚
televizija
テレビ
kamin
暖炉
cvijet
花
jastuk
クッション
kauč
ソファ
vaza
花瓶
daljinski upravljač
リモコン

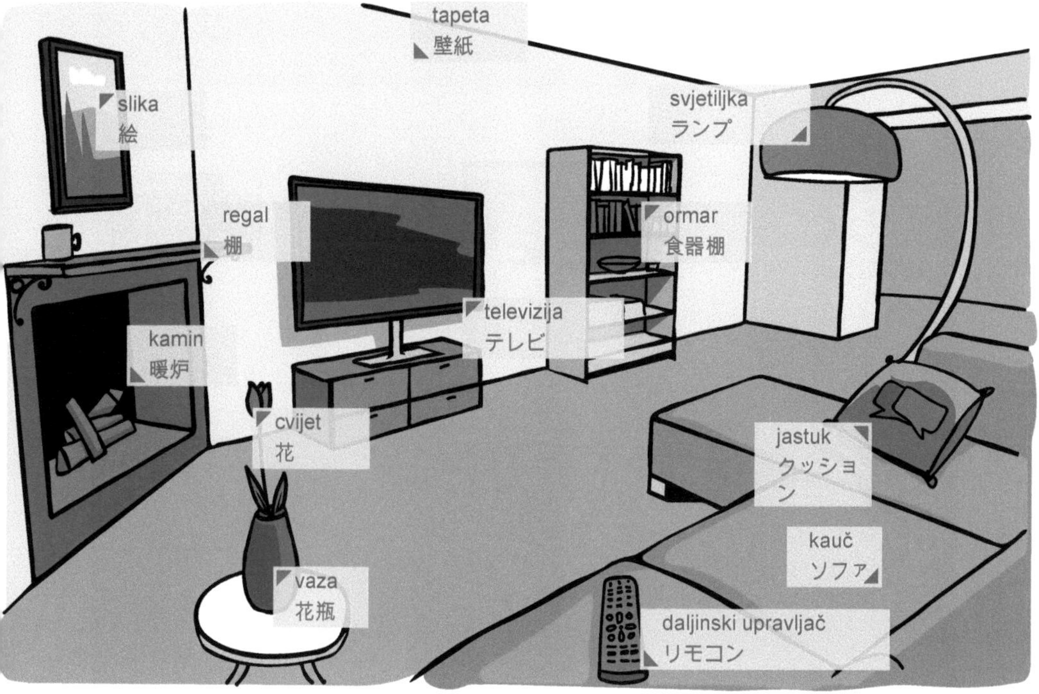

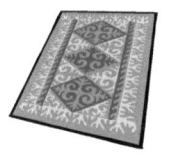

tepih
カーペット

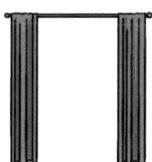

zavjesa
カーテン

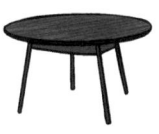

stol
テーブル

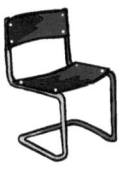

stolica
椅子

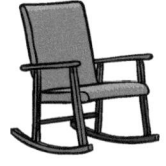

stolica za njihanje
ロッキングチェア

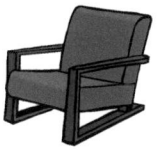

fotelja
ひじ掛け椅子

knjiga

本

deka

毛布

dekoracija

飾り

drvo za ogrjev

たきぎ

film

映画

stereo uređaj

ステレオ

ključ

鍵

novine

新聞

slika na platnu

絵画

poster

ポスター

radio

ラジオ

blok za pisanje

メモ帳

usisavač

掃除機

kaktus

サボテン

svijeća

ろうそく

kuhinja
台所

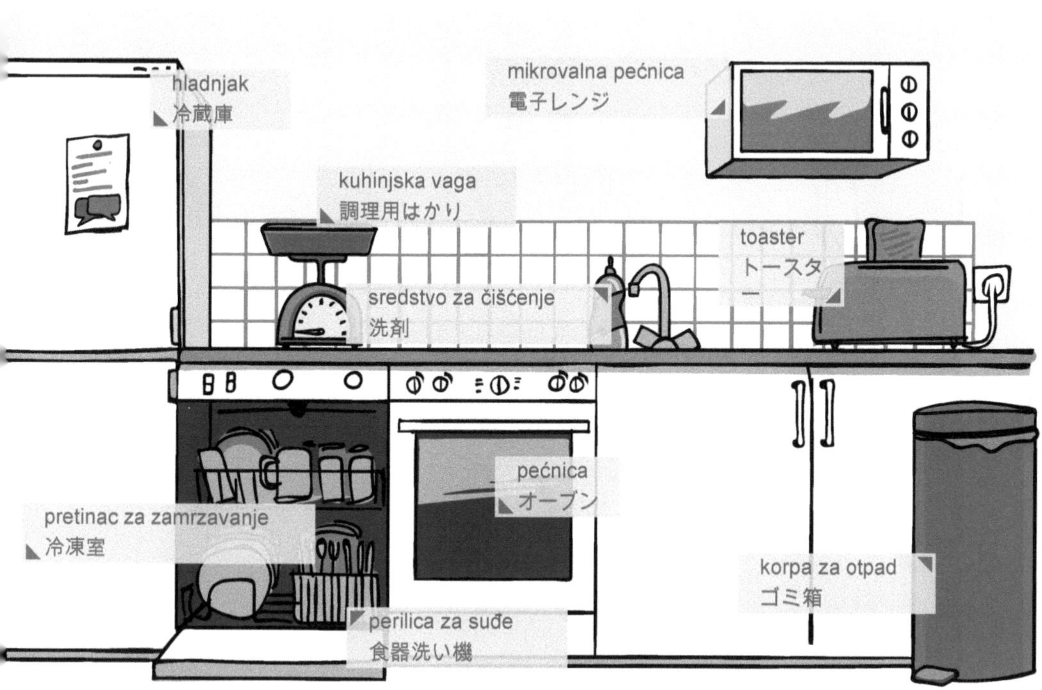
hladnjak
冷蔵庫
mikrovalna pećnica
電子レンジ
kuhinjska vaga
調理用はかり
toaster
トースター
sredstvo za čišćenje
洗剤
pećnica
オーブン
pretinac za zamrzavanje
冷凍室
korpa za otpad
ゴミ箱
perilica za suđe
食器洗い機

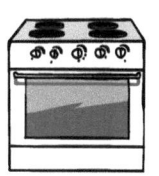

štednjak
こんろ

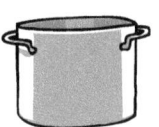

lonac
鍋

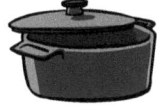

željezni lonac
鉄鍋

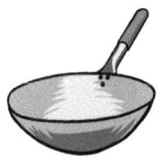

wok / kadai
中華鍋/ カダイ鍋

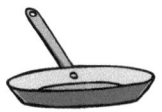

tava
フライパン

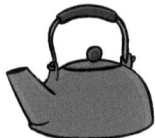

kuhalo za vodu
やかん

kuhalo na paru

蒸し器

lim za pečenje

天板

posuđe

食器

čaša

マグカップ

zdjela

ボウル

štapići za jelo

箸

kutljača

おたま

lopatica

へら

pjenjača

泡立て器

sito za kuhanje

こし器

sito

ふるい

ribež

すりおろし器

mužar

すり鉢

roštilj

バーベキュー

ognjište

かまど

daska

まな板

oklagija

麺棒

vadičep

栓抜き

konzerva

缶

otvarač konzervi

缶切り

krpa za lonac

鍋つかみ

sudoper

流し

četka

ブラシ

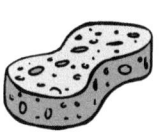

spužva

スポンジ

mikser

ミキサー

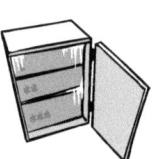

zamrzivač

冷凍庫

bočica za bebe

哺乳瓶

slavina za vodu

蛇口

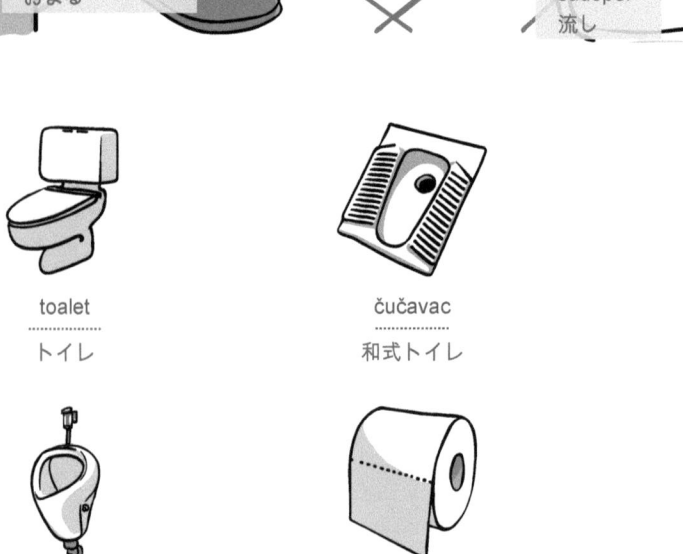

kupaonica

浴室

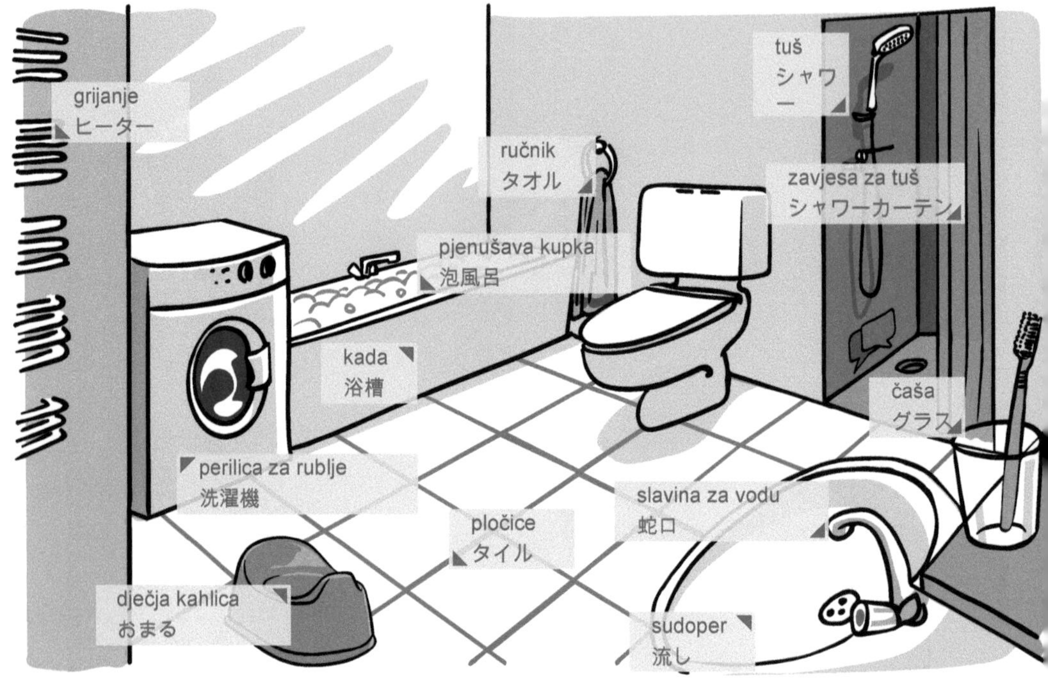

grijanje
ヒーター
ručnik
タオル
tuš
シャワー
zavjesa za tuš
シャワーカーテン
pjenušava kupka
泡風呂
kada
浴槽
čaša
グラス
perilica za rublje
洗濯機
slavina za vodu
蛇口
pločice
タイル
dječja kahlica
おまる
sudoper
流し

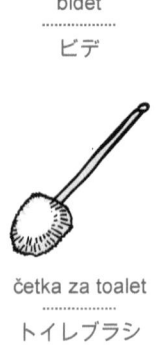

toalet

トイレ

čučavac

和式トイレ

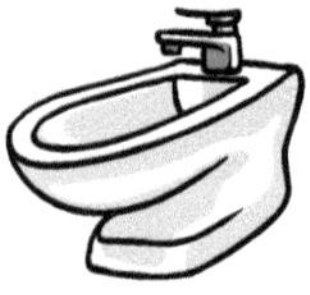

bidet

ビデ

pisoar

小便器

papir za toalet

トイレットペーパー

četka za toalet

トイレブラシ

četkica za zube

歯ブラシ

pasta za zube

歯みがき

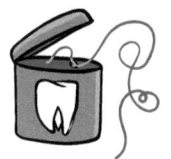

konac za zube

デンタルフロス

prati

洗う

tuš ručica

シャワーヘッド

tuš za pranje intimnih dijelova

ハンドビデ

lavor

洗面台

četka za pranje leđa

ボディブラシ

sapun

石鹸

gel za tuširanje

シャワー用ジェル

šampon

シャンプー

krpa za pranje

浴用タオル

odvod

排水口

krema

クリーム

dezodorans

消臭

ogledalo

鏡

kozmetičko ogledalo

手鏡

brijač

かみそり

pjena za brijanje

シェービング・フォーム

losion za poslije brijanja

アフターシェーブローション

češalj

櫛

četka

ブラシ

sušilo za kosu

ドライヤー

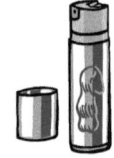

sprej za kosu

ヘアスプレー

makeup

化粧

ruž za usne

口紅

lak za nokte

マニキュア

vata

脱脂綿

škare za nokte

爪切り

parfem

香水

neseser

洗面用具入れ

stolica

スツール

vaga

体重計

ogrtač

バスローブ

rukavice za čišćenje

ゴム手袋

tampon

タンポン

uložak

生理用ナプキン

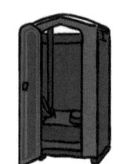

kemijski toalet

ケミカルトイレ

dječija soba

子供部屋

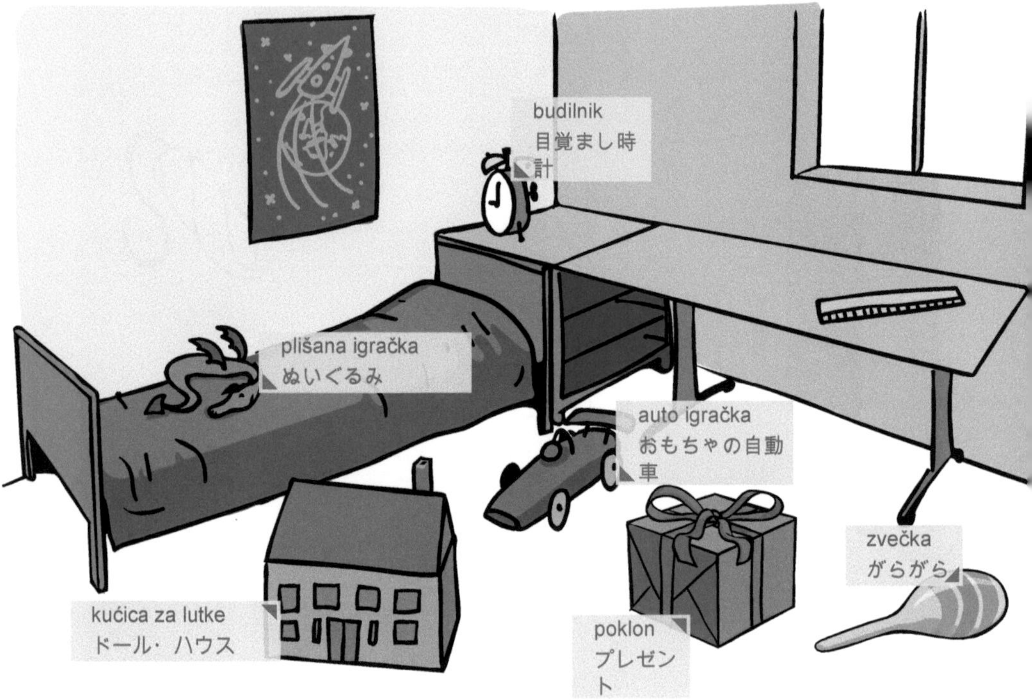

budilnik
目覚まし時計
plišana igračka
ぬいぐるみ
auto igračka
おもちゃの自動車
zvečka
がらがら
kućica za lutke
ドール・ハウス
poklon
プレゼント

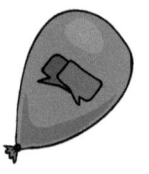

balon

風船

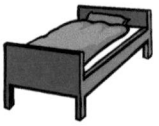

krevet

ベッド

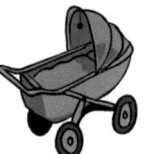

dječija kolica

ベビーカー

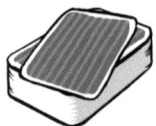

igra s kartama

カードゲーム

slagalica

ジグソーパズル

SUPER
MEGA

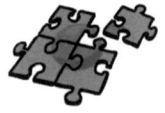

strip

漫画

lego kockice

レゴ

kockice za slaganje

玩具ブロック

akcioni junak

アクションフィギュア

kombinezon za bebe

ロンパース

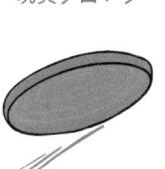

frizbi

フリスビー

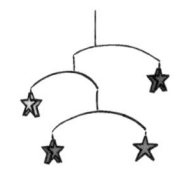

viseće igračke

モバイル

društvene igre

ボードゲーム

kocka

さいころ

minijaturna željeznica

鉄道模型

duda

おしゃぶり

tulum

パーティー

slikovnica

絵本

lopta

ボール

lutka

人形

igrati

遊ぶ

pješčanik

砂場

ljuljačka

ブランコ

igračka

おもちゃ

konzola za igre

ゲーム機

tricikl

三輪車

plišani medo

テディベア

ormar

衣装ダンス

odjeća

衣服

kratke čarape

靴下

čarape

ストッキング

hulahopke

タイツ

šal
スカーフ

kišobran
雨傘

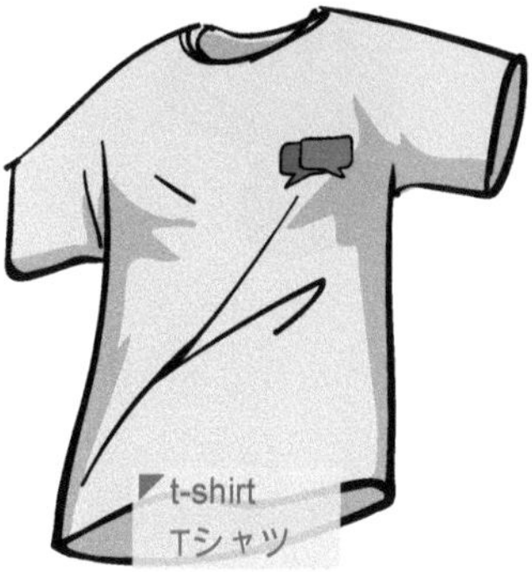

t-shirt
Tシャツ

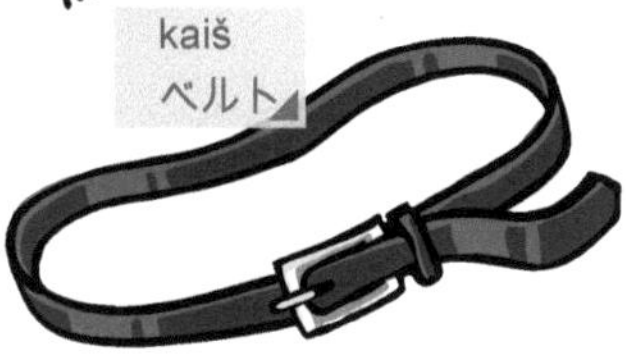

kaiš
ベルト

čizme
ブーツ

papuče
スリッパ

patike
スニーカー

sandale

サンダル

cipele

靴

gumene čizme

ゴム長靴

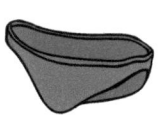

gaćice

パンツ

grudnjak

ブラ

potkošulja

ベスト

bodi

ボディースーツ

hlače

ズボン

džins

ジーンズ

haljina

スカート

bluza

ブラウス

košulja

シャツ

džemper

セーター

pulover s kapuljačom

パーカー

blejzer

ブレザー

jakna

ジャケット

kaput

コート

kabanica

レインコート

kostim

服装

haljina

ドレス

vjenčanica

ウェディングドレス

odijelo

スーツ

spavaćica

ナイトガウン

pidžama

パジャマ

sari

サリー

rubac

ヘッドスカーフ

turban

ターバン

burka

ブルカ

kaftan

カフタン

abaja

アバヤ

kupaći kostim

水着

kupaće gaćice

トランクス

kratke hlače

半ズボン

odjeća za trening

スウェットスーツ

pregača

エプロン

rukavice

手袋

gumb

ボタン

naočale

メガネ

narukvica

ブレスレット

ogrlica

ネックレス

prsten

指輪

naušnica

イヤリング

kapa

帽子

vješalica

ハンガー

šešir

帽子

kravata

ネクタイ

patent zatvarač

ファスナー

kaciga

ヘルメット

naramenice

サスペンダー

školska uniforma

制服

uniforma

ユニフォーム

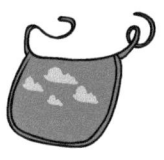

podbradak

よだれかけ

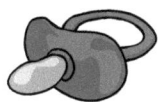

duda

おしゃぶり

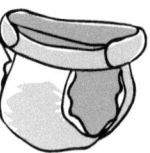

pelena

おむつ

ured
オフィス

server
サーバ
ormar za spise
書類キャビネット
pisač
プリンター
papir
紙
monitor
モニター
miš
マウス
pisaći stol
事務机
mapa
フォルダー
tipkovnica
キーボード
košara za papir
ごみ箱
računar
コンピューター
stolica
椅子

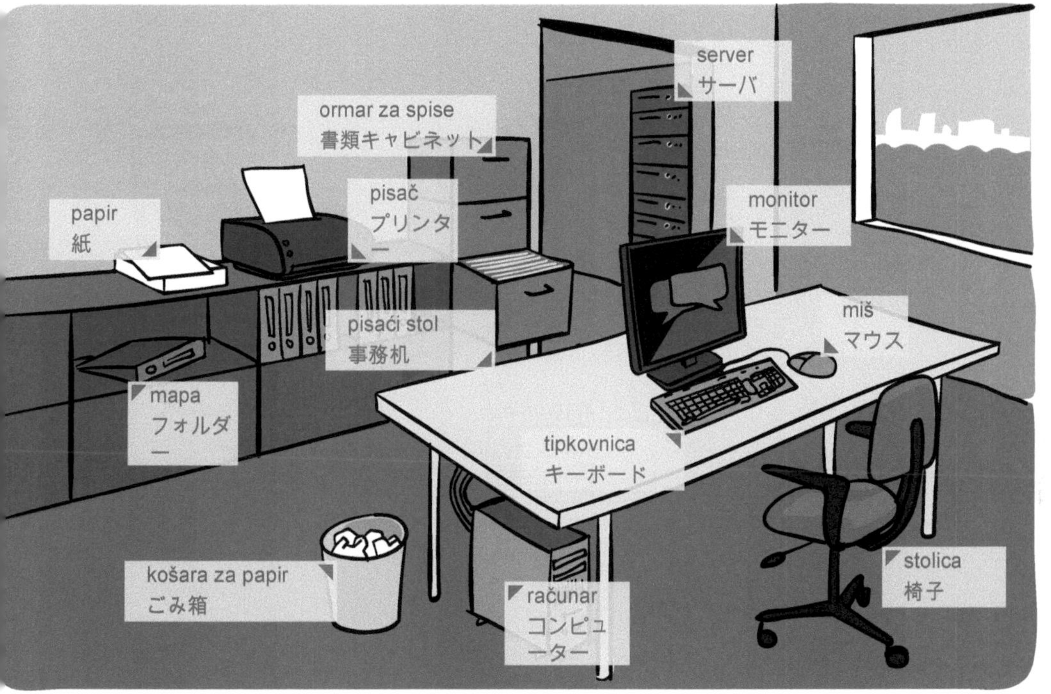

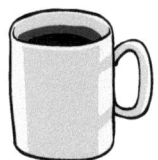

šalica za kavu

コーヒーマグ

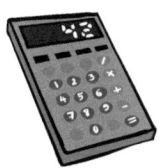

kalkulator

計算機

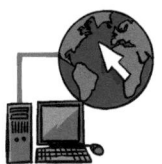

internet

インターネット

laptop

ラップトップ

pismo

手紙

poruka

メッセージ

mobilni telefon

携帯電話

mreža

ネットワーク

uređaj za kopiranje

コピー機

softver

ソフトウェア

telefon

電話

utičnica

コンセント

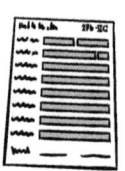

faks

ファックス

obrazac

フォーム

dokument

書類

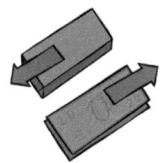

kupovati

買う

platiti

支払う

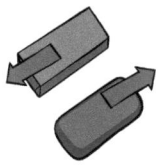

trgovati

取引する

novac

お金

dolar

ドル

euro

ユーロ

jen

円

rubalj

ルーブル

švicarski franak

スイスフラン

renmindbi yuan

人民元

rupija

ルピー

automat za novac

キャッシュポイント

mjenjačnica

両替所

zlato

金

srebro

銀

nafta

油

energija

エネルギー

cijena

価格

ugovor

契約

porez

税金

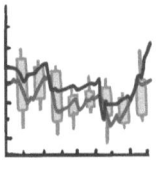

dionica

株

raditi

働く

službenik

従業員

poslodavac

雇用主

tvornica

工場

prodavaonica

ショップ

gospodarstvo - 経済

zanimanja
職業

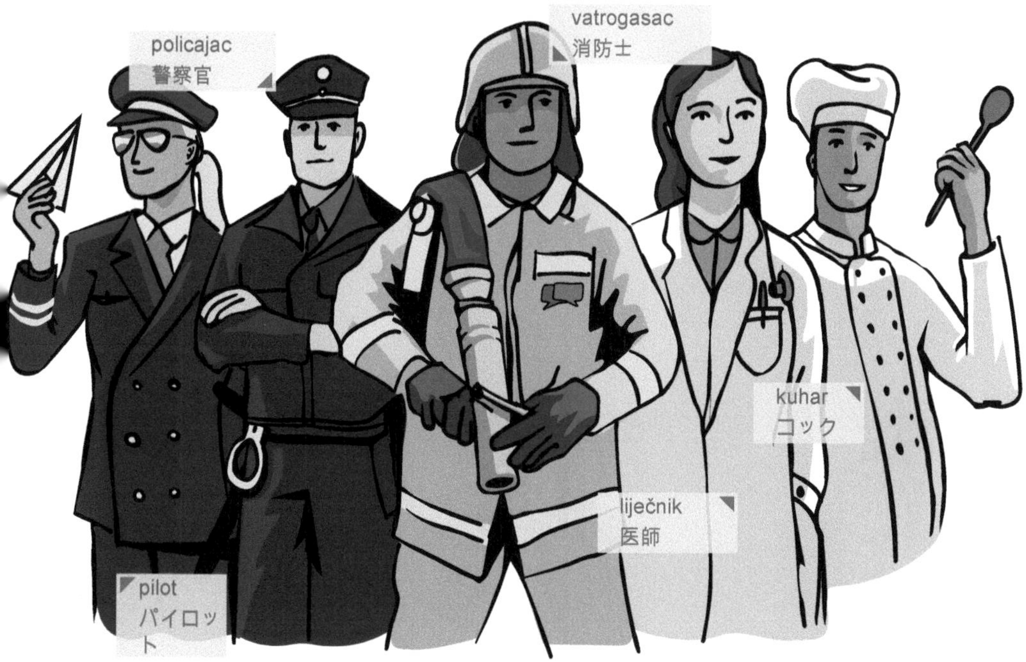

policajac
警察官
vatrogasac
消防士
kuhar
コック
liječnik
医師
pilot
パイロット

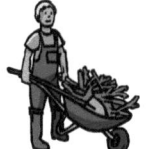

vrtlar

庭師

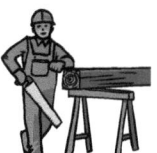

stolar

大工

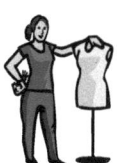

krojačica

お針子

sudija

裁判官

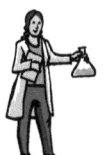

kemičar

化学者

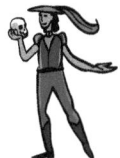

glumac

俳優

vozač autobusa

バスの運転手

vozač taksija

タクシー運転手

ribar

漁師

čistačica

掃除婦

krovopokrivač

屋根ふき職人

konobar

ウェイター

lovac

ハンター

slikar

塗装工

pekar

パン屋

električar

電気工

građevinski radnik

建設作業員

inženjer

エンジニア

mesar

肉屋

limar

配管工

poštar

郵便配達人

vojnik

軍人

arhitekta

建築家

blagajnik

レジ係

cvjećar

花屋

frizer

美容師

kondukter

車掌

mehaničar

機械工

kapetan

キャプテン

zubar

歯科医

znanstvenik

科学者

rabi

ラビ

imam

イスラム導師

monah

修道士

svećenik

牧師

alati
道具

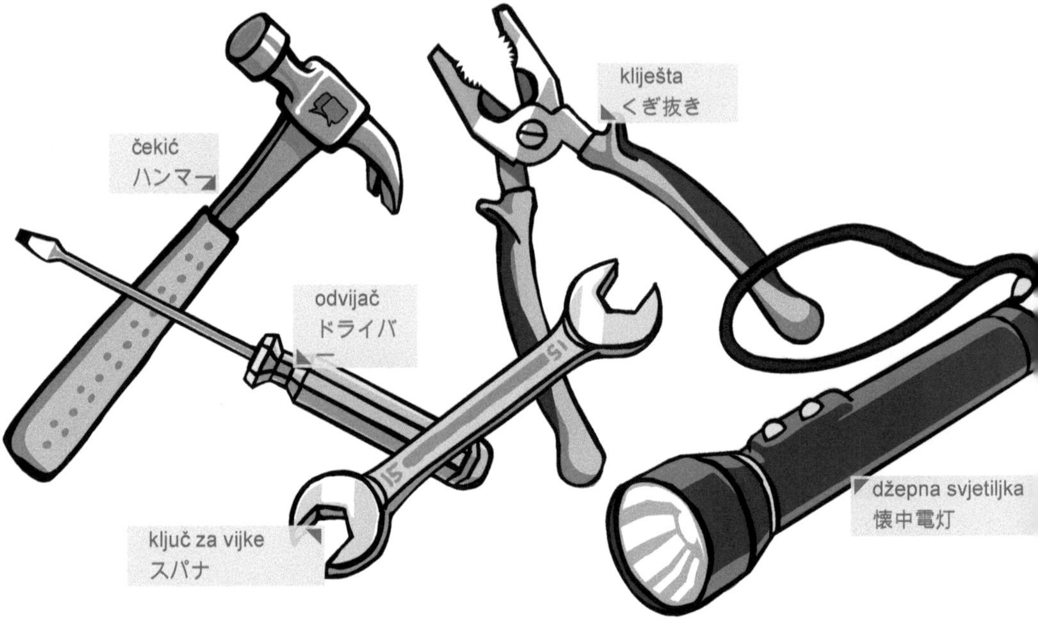
čekić
ハンマー
kliješta
くぎ抜き
odvijač
ドライバー
ključ za vijke
スパナ
džepna svjetiljka
懐中電灯

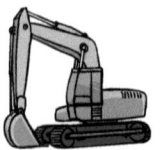

rovokopač

掘削機

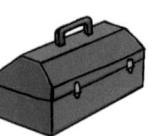

kutija za alat

道具箱

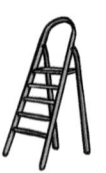

ljestve

はしご

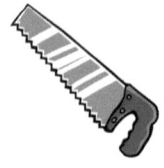

pila

のこぎり

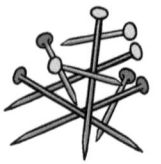

ekser

釘

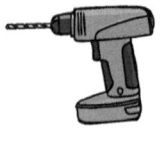

bušilica

ドリル

popraviti

修理する

lopata

シャベル

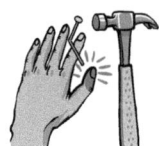

Sranje!

クソ！

lopatica

ちりとり

lonac za boju

ペンキ缶

vijci

ネジ

glazbeni instrument

楽器

zvučnik
スピーカー

bubnjevi
打楽器

gitara
ギター

kontrabas
コントラバス

truba
トランペット

klavir

ピアノ

violina

バイオリン

bas

バス

timpani

ティンパニ

udaraljke za bubnjeve

ドラム

keyboard

キーボード

saksofon

サックス

flauta

フルート

mikrofon

マイクロフォン

zoološki vrt

動物園

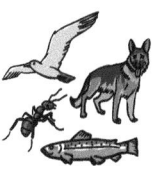

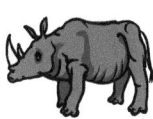

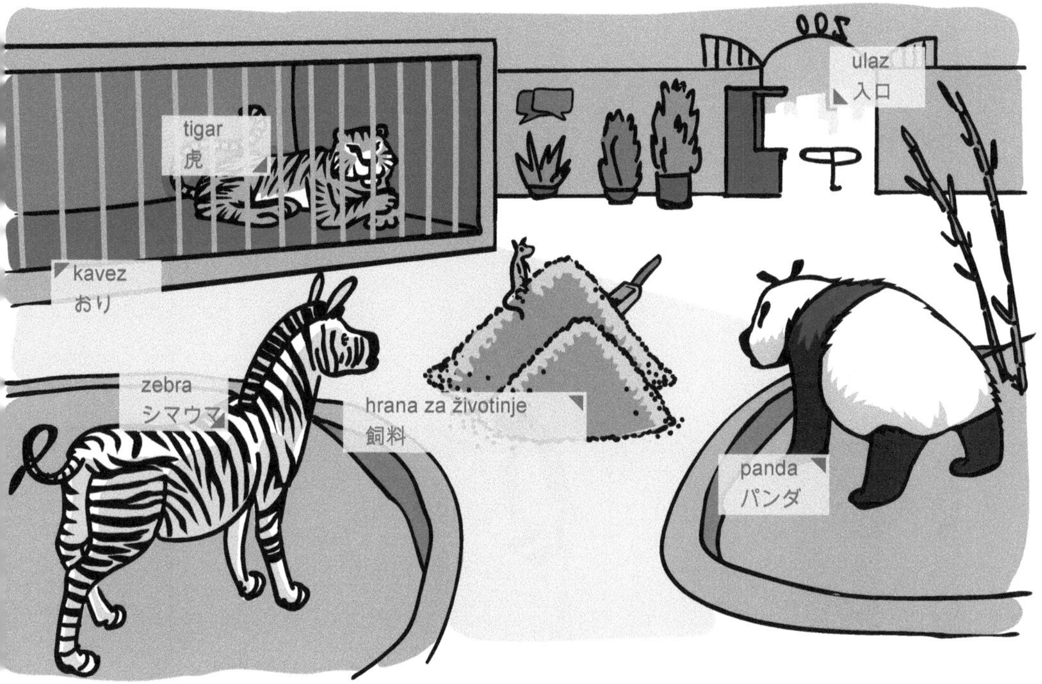

ulaz
入口
tigar
虎
kavez
おり
zebra
シマウマ
hrana za životinje
飼料
panda
パンダ

životinje

動物

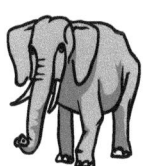

slon

象

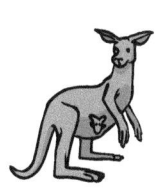

kengur

カンガルー

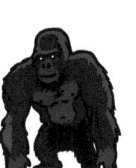

nosorog

サイ

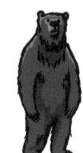

gorila

ゴリラ

medvjed

熊

kamila

ラクダ

noj

ダチョウ

lav

ライオン

majmun

猿

flamingo

フラミンゴ

papagaj

オウム

polarni medvjed

白クマ

pingvin

ペンギン

ajkula

サメ

paun

クジャク

zmija

蛇

krokodil

ワニ

čuvar u zoološkom vrtu

飼育係

tuljan

アザラシ

jaguar

ジャガー

poni

ポニー

leopard

ヒョウ

nilski konj

カバ

žirafa

キリン

orao

鷲

divlja svinja

雄豚

riba

魚

kornjača

亀

morž

セイウチ

lisica

狐

gazela

ガゼル

americki nogomet
アメフト

biciklizam
サイクリング

tenis
テニス

košarka
バスケット
ボール

plivanje
水泳

boks
ボクシン
グ

hockey na ledu
アイスホッケー

nogomet
サッカー

badminton
バドミントン

atletika
陸上競技

rukomet
ハンドボール

skijanje
スキー

polo
ポロ

skočiti
跳ぶ

smijati se
笑う

zagrliti
抱きしめる

ići
歩く

pjevati
歌う

sanjati
夢見る

moliti se
祈る

poljubiti
キス

pisati	crtati	pokazati
書く	描く	示す

gurati	dati	uzeti
押す	与える	取る

imati

持っている

činiti

する

biti

ある

stojati

立つ

trčati

走る

povlačiti

引く

baciti

投げる

padati

落ちる

ležati

横たわっている

čekati

待つ

nositi

運ぶ

sjediti

座る

oblačiti

着る

spavati

眠る

probuditi se

目が覚める

gledati

見る

plakati

泣く

milovati

なでる

češljati

櫛ですく

govoriti

話す

razumjeti

理解する

pitati

質問する

slušati

聞く

piti

飲む

jesti

食べる

pospremiti

片づける

voljeti

愛する

kuhati

料理する

voziti

運転する

letjeti

飛ぶ

ploviti

ヨットに乗る

računati

計算する

čitati

読む

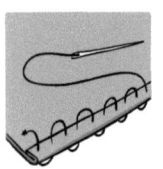

učiti

学ぶ

raditi

働く

vjenčati se

結婚する

šiti

縫う

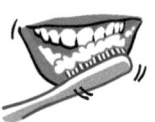

prati zube

歯を磨く

ubiti

殺す

pušiti

喫煙する

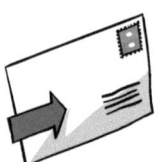

poslati

送る

baka
祖母

djed
祖父

otac
父

majka
母

beba
赤ん坊

kćerka
娘

sin
息子

gost

お客様

tetka

おば

ujak, stric

おじ

brat

兄弟

sestra

姉妹

tijelo
体

čelo
ひたい
oko
目
lice
顔
brada
あご
grudi
胸
prst
指
ruka
手
ruka
腕
rame
肩
noga
脚

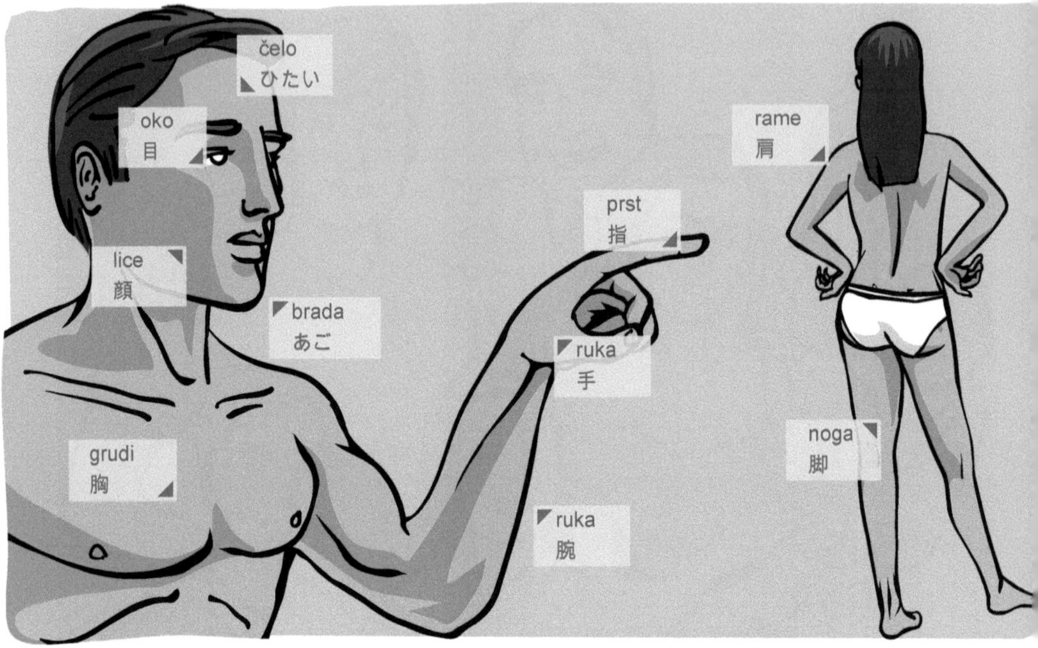

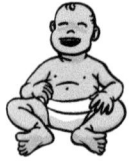

beba
赤ん坊

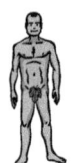

muškarac
男性

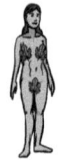

žena
女性

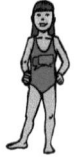

djevojčica
少女

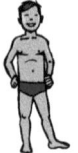

dječak
少年

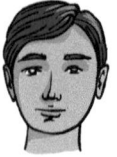

glava
頭

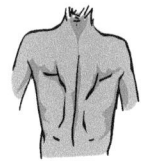

leđa
背中

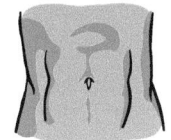

trbuh
腹

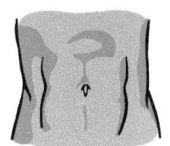

pupak
へそ

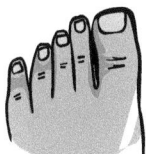

nožni prst
足指

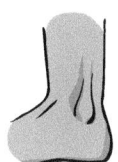

peta
かかと

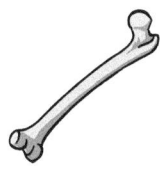

kost
骨

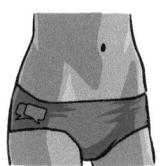

kuk
腰

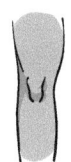

koljeno
ひざ

lakat
ひじ

nos
鼻

stražnjica
尻

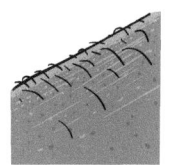

koža
皮膚

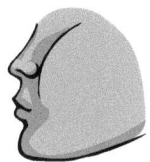

obraz
頬

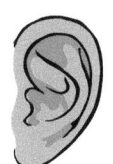

uho
耳

usna
唇

tijelo - 体

usta

口

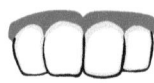

zub

歯

jezik

舌

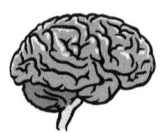

mozak

脳

srce

心臓

mišić

筋肉

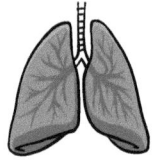

pluća

肺

jetra

肝臓

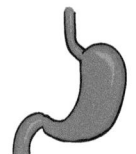

želudac

胃

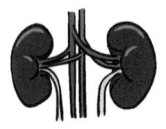

bubrezi

腎臓

snošaj

セックス

kondom

コンドーム

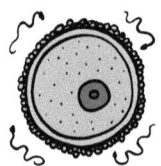

jajna stanica

卵細胞

sperma

精液

trudnoća

妊娠

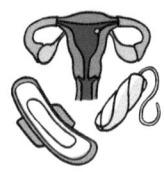

menstruacija

月経

vagina

膣

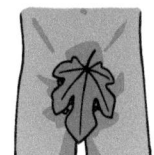

penis

ペニス

obrva

眉

kosa

髪

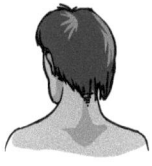

vrat

首

bolnica
病院

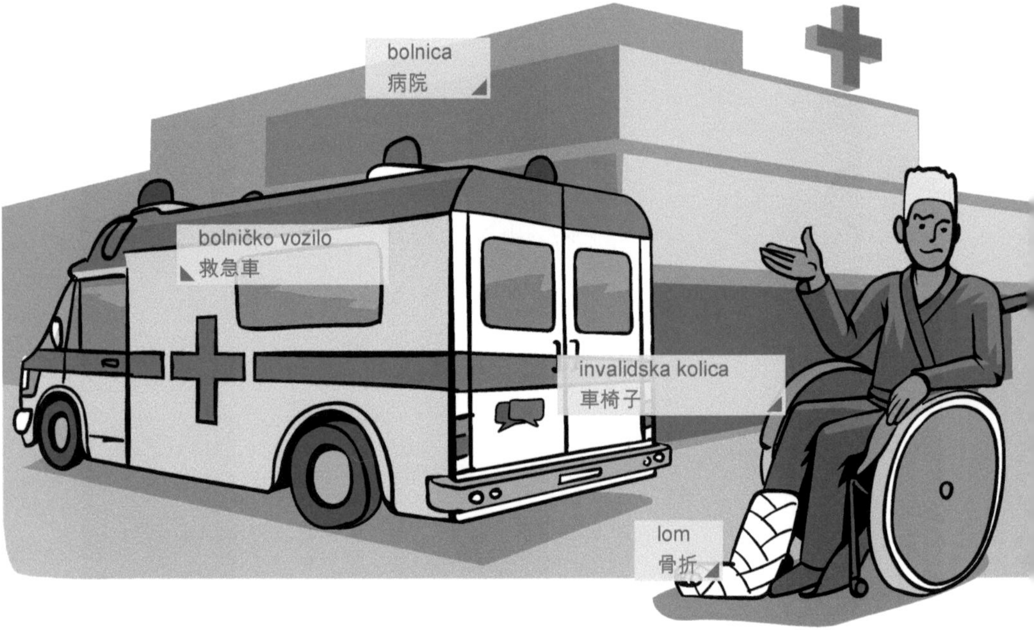

bolnica
病院
bolničko vozilo
救急車
invalidska kolica
車椅子
lom
骨折

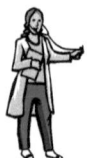

liječnik

医師

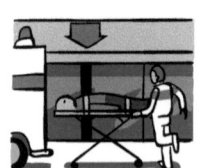

hitna medicinska služba

救急治療室

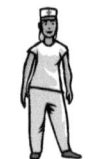

medicinska sestra

看護師

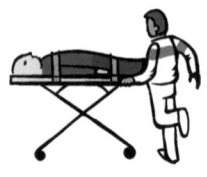

hitni slučaj

救急

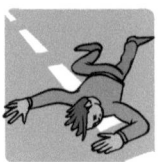

nesvijest

失神

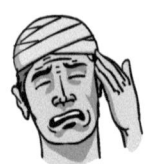

bol

痛み

ozljeda

けが

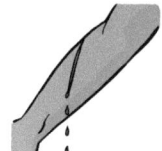

krvarenje

出血

srćani infarkt

心臓発作

moždani udar

脳卒中

alergija

アレルギー

kašalj

咳

groznica

熱

gripa

インフルエンザ

proljev

下痢

glavobolja

頭痛

rak

癌

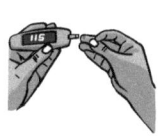

dijabetes

糖尿病

kirurg

外科医

skalpel

外科用メス

operacija

手術

ct
CT

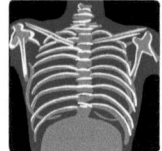

rentgen
レントゲン

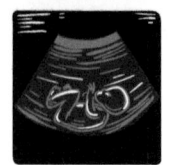

ultrazvuk
超音波

maska
マスク

bolest
病気

čekaonica
待合室

štaka
松葉づえ

flaster
ばんそうこう

zavoj
包帯

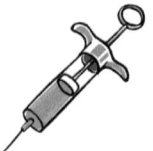

injekcija
注射

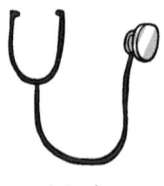

stetoskop
聴診器

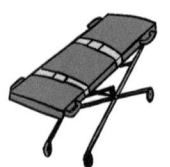

nosilo
担架

termometar
体温計

rođenje
出産

prekomjerna težina
肥満

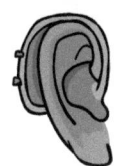

slušni aparat

補聴器

sredstvo za dezinfekciju

消毒剤

infekcija

感染

virus

ウイルス

hiv / sida

HIV / エイズ

medicina

内服薬

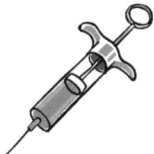

vakcinacija

予防接種

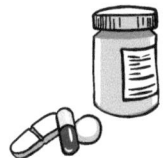

tablete

錠剤

pilula

ピル

poziv u pomoć

緊急電話

uređaj za mjerenje tlaka

血圧計

bolesno / zdravo

病気の / 健康な

pomoć!

助けて！

alarm

アラーム

nasrtaj

暴行

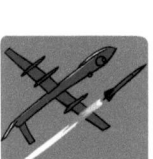

napad

攻撃

opasnost

危険

izlaz za nuždu

非常口

požar!

火事だ！

vatrogasni aparat

消火器

nezgoda

事故

kofer prve pomoći

救急箱

sos

SOS

policija

警察

Europa

ヨーロッパ

sjeverna amerika

北米

južna amerika

南米

Afrika

アフリカ

Azija

アジア

Australija

オーストラリア

Atlantik

大西洋

Pacifik

太平洋

ocean

インド洋

antarktički ocean

南極海

arktički ocean

北極海

sjeverni pol

北極

južni pol

南極

Antarktik

南極大陸

zemlja

地球

zemlja

陸

more

海

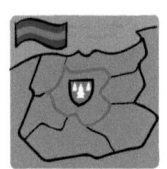

otok

島

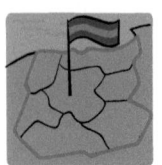

nacija

国家

država

国家

brojčanik sata

文字盤

satna kazaljka

短針

minutna kazaljka

長針

sekundna kazaljka

秒針

Koliko je sati?

何時ですか？

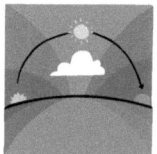

dan

日

vrijeme

時間

sada

現在

digitalni sat

デジタル時計

minuta

分

sat

時間

ponedjeljak
月曜

srijeda
水曜

petak
金曜

MO

W

FR

TU

TH

SA

SO

utorak
火曜

subota
土曜

četvrtak
木曜

nedjelja
日曜

jučer

昨日

danas

今日

sutra

明日

jutro

朝

podne

昼

večer

夜

MO	TU	WE	TH	FR	SA	SU
1	2	3	4	5	6	7
8	9	10	11	12	13	14
15	16	17	18	19	20	21
22	23	24	25	26	27	28
29	30	31	1	2	3	4

radni dani

営業日

MO	TU	WE	TH	FR	SA	SU
1	2	3	4	5	6	7
8	9	10	11	12	13	14
15	16	17	18	19	20	21
22	23	24	25	26	27	28
29	30	31	1	2	3	4

vikend

週末

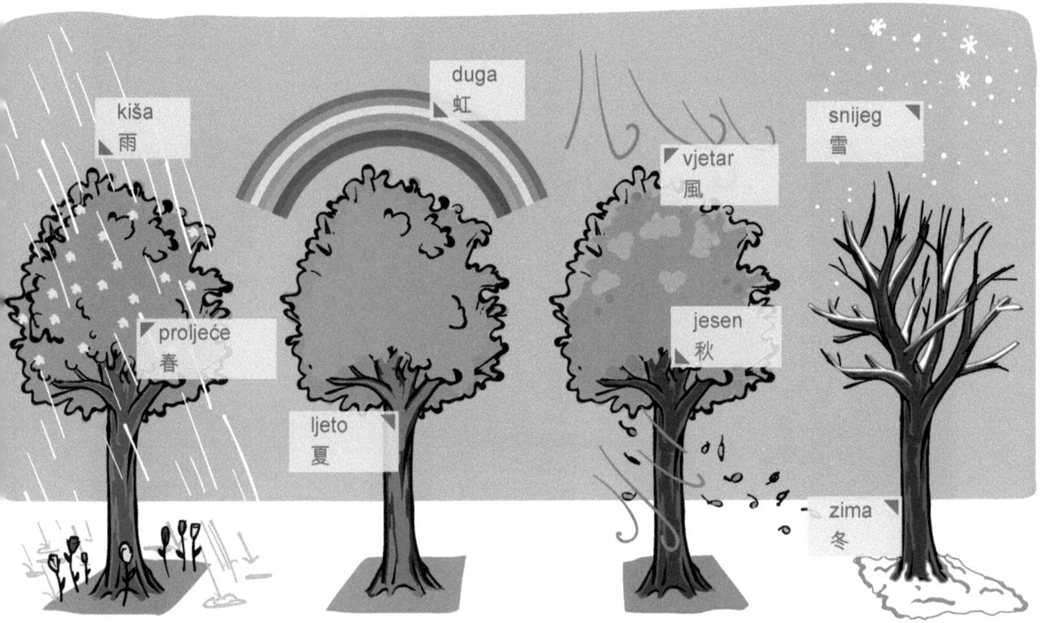

kiša
雨

duga
虹

snijeg
雪

▶ vjetar
風

proljeće
春

jesen
秋

ljeto
夏

zima
冬

meteorološka prognoza

天気予報

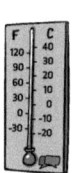

termometar

温度計

sunčana svjetlost

日差し

oblak

雲

magla

霧

vlažnost zraka

湿度

munja

雷

grmljavina

雷

oluja

嵐

tuča

ひょう

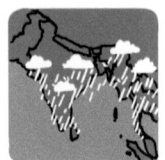

monsun

季節風

poplava

洪水

led

氷

siječanj

1月

veljača

2月

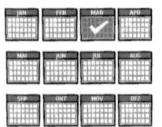

ožujak

3月

travanj

4月

svibanj

5月

lipanj

6月

srpanj

7月

kolovoz

8月

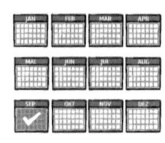

rujan

9月

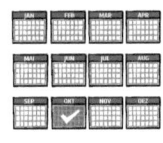

listopad

10月

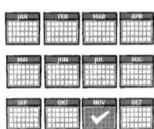

studeni

11月

prosinac

12月

oblici

形

krug

円

kvadrat

正方形

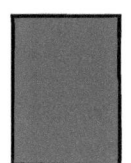

pravokutnik

長方形

trokut

三角

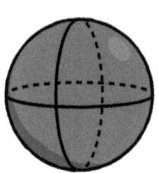

kugla

球

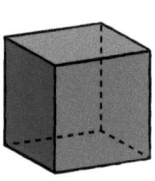

kocka

立方体

bijela
白

žuta
黄

narančasta
オレンジ

ružičasta
ピンク

crvena
赤

ljubičasta
紫

plava
青

zelena
緑

smeđa
茶

siva
灰色

crna
黒

mnogo / malo

多い / 少ない

ljutito / mirno

怒っている /
落ち着いている

lijepo / ružno

美しい / 醜い

početak / kraj

初め / 終わり

veliko / maleno

大きい / 小さい

svijetlo / tamno

明るい / 暗い

brat / sestra

兄弟 / 姉妹

čisto / prljavo

清潔な / 汚い

potpuno / nepotpuno

完全な / 不完全な

dan / noć

日中 / 夜

mrtvo / živo

死んだ / 生きている

široko / usko

幅広い / 狭い

jestivo / nejestivo

食べられる /
食べられない

zlo / dobro

悪意のある / 親切な

uzbuđeno / dosadno

興奮している /
退屈している

debelo / mršavo

太った / 痩せた

na početku / na kraju

最初に / 最後に

prijatelj / neprijatelj

友人 / 敵

puno / prazno

いっぱいの / 空の

tvrdo / mekano

硬い / 柔らかい

teško / lagano

重い / 軽い

glad / žeđ

空腹 / 喉の渇き

bolesno / zdravo

病気の / 健康な

ilegalno / legalno

違法な / 合法な

pametno / glupo

賢い / 愚かな

lijevo / desno

左に / 右に

blizu / daleko

近い / 遠い

novo / rabljeno

新しい ／ 中古の

ništa / nešto

何もない ／ 何かある

staro / mlado

老いた ／ 若い

uključeno / isključeno

オン ／ オフ

otvoreno / zatvoreno

開いている ／
閉まっている

tiho / glasno

静かな ／ うるさい

bogato / siromašno

裕福な ／ 貧乏な

točno / pogrešno

正しい ／間違っている

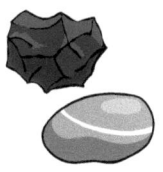

hrapavo / glatko

粗い / なめらか

tužno / sretno

悲しい ／ 幸せな

kratko / dugo

短い ／ 長い

polako / brzo

ゆっくり ／ 速い

mokro / suho

濡れた ／ 乾いた

toplo / hladno

温かい ／ 冷たい

rat / mir

戦争 ／ 平和

0

nula

ゼロ

1

jedan

1

2

dva

2

3

tri

3

4

četiri

4

5

pet

5

6

šest

6

7

sedam

7

8

osam

8

9

devet

9

10

deset

10

11

jedanaest

11

12

dvanaest

12

13

trinaest

13

14

četrnaest

14

15

petnaest

15

16

šestnaest

16

17

sedamnaest

17

18

osamnaest

18

19

devetnaest

19

20

dvadeset

20

100

stotinu

100

1.000

tisuću

1000

1.000.000

milijun

100万

engleski

英語

američko engleski

アメリカ英語

kinesko mandarinski

中国標準語

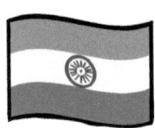

hindi

ヒンディー語

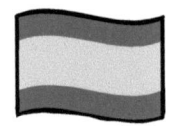

španjolski

スペイン語

francuski

フランス語

arapski

アラビア語

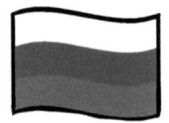

ruski

ロシア語

portugalski

ポルトガル語

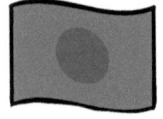

bengalski

ベンガル語

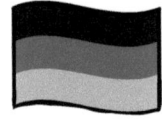

njemački

ドイツ語

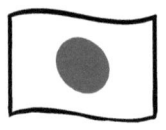

japanski

日本語

ja

私

ti

あなた

on / ona / ono

彼 / 彼女 / それ

mi

私たち

vi

あなたたち

oni

彼ら

tko?

誰？

što?

何？

kako?

どうやって？

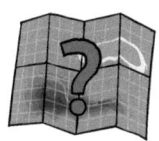

gdje?

どこ？

kada?

いつ？

ime

名前

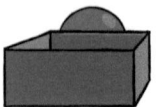

iza

後ろ

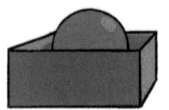

u

中

ispred

前

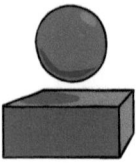

preko

上

na

上

ispod

下

pored

横

između

間

mjesto

場所